Vos collègues gagnent plus que vous ?

Un guide sur la façon de savoir si vous êtes sous-payé au travail et que faire pour tirer plus d'argent de votre travail

J'ai le grand plaisir de vous présenter un livre non seulement d'actualité mais également essentiel dans notre contexte économique actuel : « **Vos collègues gagnent plus que vous** ? Un guide sur la façon de savoir si vous êtes sous-payé au travail et que faire pour tirer plus d'argent de votre travail.

À une époque où le débat sur la rémunération équitable est plus fort que jamais, ce livre constitue un phare de connaissance et d'autonomisation.

Il s'agit d'un guide complet qui lève le rideau sur le sujet souvent tabou du salaire en milieu de travail.

Grâce à des recherches méticuleuses et à des exemples concrets, le livre fournit aux lecteurs les outils dont ils ont besoin pour déterminer s'ils sont sous-payés et, plus important encore, quelles mesures concrètes ils peuvent prendre pour remédier à cette situation.

Le livre commence par explorer l'impact psychologique de découvrir que ses collègues gagnent plus. Il explore les sentiments de frustration, de démotivation et le sentiment d'injustice qui peuvent survenir.

Mais il ne s'arrête pas là. Il permet ensuite au lecteur de mieux comprendre les facteurs qui contribuent aux écarts salariaux.

De la formation, des années d'expérience aux subtilités de la négociation d'un salaire, le livre ne laisse rien au hasard.

L'un des aspects les plus précieux de ce guide est l'accent mis sur l'estime de soi et le plaidoyer. Il encourage les lecteurs à réfléchir à leurs contributions à leur lieu de travail et à reconnaître la valeur qu'ils apportent.

Sur cette base, il présente ensuite une approche claire et stratégique pour discuter de la rémunération avec les employeurs. Le livre souligne l'importance de la préparation, de la collecte des données salariales à la pratique des techniques de négociation, garantissant que les lecteurs sont pleinement équipés pour aborder ces discussions en toute confiance.

De plus, « Vos collègues gagnent plus que vous ? aborde les implications plus larges de l'inégalité salariale et l'importance de la transparence pour favoriser un environnement de travail plus équitable. Cela appelle à un changement culturel vers une plus grande transparence en matière de salaires, ce qui peut conduire à des pratiques de rémunération plus justes et plus cohérentes à tous les niveaux.

En conclusion, ce livre n'est pas seulement un guide ; c'est un catalyseur de changement. Il permet aux individus de prendre le contrôle de leur avenir financier et encourage un dialogue qui pourrait conduire à un changement systémique sur le lieu de travail. Pour tous ceux qui se sont déjà sentis sous-évalués ou sous-payés, ce livre est une lecture incontournable. C'est un pas vers un avenir où chacun sera rémunéré équitablement pour son travail acharné et son dévouement.

Merci de votre attention et je vous recommande fortement de vous procurer un exemplaire de « Vos collègues gagnent plus que vous ? » à tous ceux qui cherchent à comprendre leur valeur et à se battre pour le salaire qu'ils méritent.

Bienvenue dans la jungle des salaires

Avez-vous déjà regardé votre salaire en vous demandant s'il s'agit de l'équivalent financier d'un « trophée de participation » ? Vous surprenez-vous à rêver à ce que serait la vie si vous aviez quelques zéros supplémentaires sur votre compte bancaire ?

Si vous avez déjà pensé que vos collègues gagnent plus que vous, ou si vous êtes simplement curieux de savoir comment gagner plus d'argent avec votre travail, vous avez choisi le bon livre.

Les Jeux olympiques des salaires de bureau

Soyons réalistes : parler d'argent au travail, c'est comme aborder la politique lors d'un dîner de famille. C'est gênant, inconfortable et peut donner lieu à des débats houleux.

Mais ce n'est pas parce que c'est un sujet délicat qu'il n'est pas important. Comprendre votre valeur et garantir que vous êtes rémunéré équitablement est essentiel à votre bien-être professionnel et personnel.

Et oui, vos collègues gagnent peut-être plus que vous. Mais au lieu de bouder cela, transformons cela en motivation pour vous obtenir ce que vous méritez.

Pourquoi ce livre ?

Ce livre n'est pas seulement un manuel sec rempli de conseils génériques. Il s'agit d'un guide imprégné d'humour et de conseils pratiques pour vous aider à naviguer dans le monde souvent déroutant de la rémunération en milieu de travail.

Que vous soyez un nouveau diplômé entrant sur le marché du travail, un professionnel à mi-carrière se sentant coincé ou même un vétéran chevronné se demandant si vous obtenez toujours la meilleure offre, ce livre a quelque chose pour vous.

Prêt à plonger ?

Alors, si vous êtes prêt à arrêter de vous poser des questions et à commencer à agir, plongeons-nous dans le vif du sujet. À la fin de ce livre, vous saurez non seulement si vous êtes sous-payé, mais vous aurez également un plan concret pour faire quelque chose.

Que ce soit en négociant une augmentation, en trouvant un nouvel emploi ou en tirant parti de vos compétences pour de meilleures opportunités, vous disposerez des connaissances et des outils nécessaires pour augmenter votre potentiel de revenus.

Prenez votre boisson préférée, installez-vous dans un fauteuil confortable et préparez-vous à embarquer pour un voyage qui pourrait transformer votre vie professionnelle.

Parce que tout le monde mérite d'être payé ce qu'il vaut – vous y compris.

Bienvenue dans « Vos collègues gagnent plus que vous : un guide sur la façon de savoir si vous êtes sous-payé au travail et que faire pour tirer plus d'argent de votre travail. » Commençons !

Table des matières

Introduction

Chapitre 1 : Reconnaître les signes que vous êtes sous-payé

Chapitre 2 : Faire la recherche

Chapitre 3 : Évaluer votre propre valeur

Chapitre 4 : Construire votre dossier

Chapitre 5 : Stratégies de négociation et négociateur agressif

Chapitre 6 : Tirer parti des offres

Chapitre 7 : Au-delà du salaire – Avantages et bénéfices

Chapitre 8 : Quand s'éloigner

Chapitre 9 : Auto- amélioration continue et visualisation

Conclusion & Lexique

Références sur les compétences en négociation sur un lieu de travail

Introduction

Chapitre 1 : Reconnaître les signes que vous êtes sous-payé

L'énigme de la machine à café

Vous entrez dans le bureau, les yeux larmoyants après votre trajet matinal. Les lumières fluorescentes scintillent au-dessus de nous et l'odeur du café fraîchement moulu flotte dans l'air. Alors que vous vous dirigez vers la salle de pause, vous remarquez vos collègues blottis autour de la machine à café, discutant et riant.

Mais quelque chose attire votre attention : un changement subtil dans leurs expressions lorsqu'ils vous regardent. C'est un mélange de sympathie et de culpabilité, comme s'ils savaient quelque chose que vous ignoriez.

Le test de la machine à café

Et si je vous disais que la machine à café détient la clé pour découvrir la vérité sur votre salaire ? Cela semble absurde, mais soyez indulgents avec moi.

Imaginez ce scénario : vous vous tenez devant la machine à café et attendez que votre tasse se remplisse. Votre collègue Sarah vous rejoint.

Elle travaille dans l'entreprise depuis à peu près en même temps que vous et effectue un travail similaire. Pendant que vous sirotez tous les deux votre café, elle mentionne avec désinvolture sa récente augmentation. Il s'agit d'une bosse importante, un chiffre qui fait écarquiller les yeux.

Maintenant, voici l'énigme : lui demandez-vous combien elle gagne ? C'est une danse délicate : un faux pas et vous risquez de révéler votre propre salaire ou de passer pour un curieux.

Mais si vous ne le demandez pas, vous ne saurez jamais si vous êtes sous-payé.

Signes que vous pourriez être sous-payé

Les regards de la machine à café : ces regards sympathiques de vos collègues ne sont pas seulement dans votre tête. Les gens ont tendance à éviter de discuter ouvertement des salaires, mais leurs expressions peuvent vous donner des indices.

Si vos collègues semblent mal à l'aise lorsque le sujet est abordé, cela peut être le signe que les salaires ne sont pas égaux dans tous les domaines.

Notes de comparaison : Faites attention lors de conversations informelles. Lorsque des collègues discutent de leurs projets de week-end ou de leurs achats récents, écoutez les indices sur leur situation financière.

S'ils prennent des vacances somptueuses ou achètent des gadgets coûteux, cela pourrait indiquer qu'ils gagnent plus que vous.

Offres d'emploi et normes de l'industrie : recherchez des offres d'emploi pour des rôles similaires dans votre secteur.

Les échelles salariales sont-elles nettement supérieures à ce que vous gagnez actuellement ? Si tel est le cas, il est temps de réévaluer.

Vos réalisations par rapport à votre rémunération : réfléchissez à vos réalisations. Avez-vous constamment dépassé les attentes ? Si votre performance mérite d'être reconnue, mais que votre salaire ne la reflète pas, vous pourriez être sous-payé.

Tendances du marché : les industries évoluent, tout comme les normes de rémunération. Gardez un œil sur les tendances du marché.

Si votre salaire n'a pas suivi les normes de l'industrie, c'est un signal d'alarme .

Que faire ensuite

Recueillir des données : Armez-vous d'informations. Recherchez des références salariales pour votre rôle, votre niveau d'expérience et votre emplacement. Des sites Web comme Glassdoor et LinkedIn peuvent fournir des informations précieuses.

Ayez la conversation : c'est inconfortable, mais nécessaire. Abordez votre manager ou vos RH en toute confiance.

Soyez prêt à discuter de vos réalisations et à présenter votre dossier pour une augmentation.

Connaissez votre valeur : n'oubliez pas que votre valeur s'étend au-delà de votre salaire actuel. Tenez compte des avantages sociaux, de l'équilibre travail-vie personnelle et des opportunités de croissance.

Conclusion

L'énigme de la machine à café est plus qu'un simple scénario de travail original : c'est une métaphore pour reconnaître votre valeur.

Ne pas se contenter de moins; prenez en charge votre avenir financier. Et qui sait? Peut-être qu'un jour, vous serez celui qui sirotera un café avec un sourire secret, sachant que vous avez déchiffré le code.

Remarque : Les personnages et les situations de ce chapitre sont fictifs.

J'espère que vous trouverez ce chapitre utile ! Si vous avez besoin d'aide supplémentaire ou si vous avez d'autres demandes, n'hésitez pas à demander

La comparaison des voitures : vos collègues conduisent les derniers modèles pendant que vous êtes encore en train de tirer profit de votre vieux batteur.

La comparaison des voitures classiques ! C'est comme regarder un défilé de véhicules élégants et brillants pendant que vous naviguez sur votre fidèle vieux destrier.

Mais n'ayez crainte ! Il y a un certain charme à conduire une voiture plus ancienne. C'est comme porter un jean bien usé – confortable, familier et plein de souvenirs. De plus, pensez à tout l'argent que vous économisez sur les paiements automobiles et les primes d'assurance !

Ainsi, pendant que vos collègues exhibent leurs gadgets high-tech et leurs sièges en cuir, rappelez-vous simplement que votre batteur a du caractère.

On y voit des levers de soleil, des voyages en voiture et peut-être même quelques accidents de café renversé. Et hé, qui a besoin d'avertissements de sortie de voie quand vous avez ce sixième sens pour les nids-de-poule ?

Continuez à convaincre ce vieux fidèle de vivre – il a des histoires à raconter !

N'oubliez pas de mettre en avant les stratégies de négociation, les études de marché et l'importance de plaider en faveur d'une rémunération équitable.

Chapitre 2 : Faire la recherche

Enquêtes et outils sur les salaires

Il existe une multitude de ressources pour vous aider à déterminer ce que vaut votre travail. Des sites Web comme Glassdoor, PayScale et LinkedIn Salary peuvent vous donner une bonne idée du salaire moyen pour votre poste dans votre région.

Enquêtes salariales

Enquêtes sectorielles : recherchez des enquêtes sur les salaires spécifiques à un secteur. Ceux-ci fournissent des salaires moyens basés sur les rôles, l'expérience et l'emplacement.

spécifiques à l'entreprise : certaines entreprises partagent publiquement leurs données salariales. Consultez leurs rapports annuels ou leurs sites Web.

Associations professionnelles : rejoignez les associations concernées pour accéder aux données salariales.

Plateformes en ligne : des sites Web comme Glassdoor, Payscale et LinkedIn offrent des informations sur les salaires.

Outils de recherche

Échelle salariale : comparez votre salaire aux moyennes du secteur.

Bureau of Labor Statistics (BLS) : données gouvernementales sur les salaires par profession et par région.

LinkedIn Salary Insights : explorez les échelles salariales pour des rôles spécifiques.

Sites d'emploi : analysez les offres d'emploi pour évaluer les attentes salariales.

N'oubliez pas que la connaissance, c'est le pouvoir ! N'hésitez pas à explorer ces ressources et à recueillir des informations pour plaider en faveur d'une rémunération équitable.

Références de l'industrie

Rejoignez des groupes et des réseaux professionnels. Parfois, les meilleures informations proviennent de discussions avec des personnes de votre secteur lors de conférences, de rencontres ou même de forums en ligne.

Comparaison et contexte : les références de l'industrie vous permettent d'évaluer les performances de votre entreprise par rapport à d'autres dans votre domaine.

Qu'il s'agisse de la satisfaction client, de la qualité des produits ou des coûts opérationnels, disposer de points de référence vous aide à comprendre où vous en êtes1.

Réseau élargi : Rejoindre des groupes et des réseaux professionnels est essentiel.

Ces communautés donnent accès à un réseau plus large, facilitant des connexions significatives et des opportunités de collaboration.

Vous rencontrerez des professionnels partageant les mêmes idées et gagnerez en visibilité.

Développement accéléré : grâce au réseautage, vous découvrez des cours, des webinaires, des podcasts et des rencontres qui améliorent vos compétences et vos connaissances du secteur. C'est une voie rapide vers le développement professionnel.

Visibilité et opportunités : Le réseautage augmente votre visibilité en tant que professionnel indépendant.

Il vous met en face de collaborateurs potentiels, de clients et d'opportunités d'emploi. Les références et les recommandations proviennent souvent de relations communautaires solides.

Alors, assistez à ces conférences, participez à des rencontres et participez à des forums en ligne : votre réseau peut être un atout puissant !

Chapitre 3 : Évaluer votre propre valeur

Évaluation des compétences

Examinez attentivement vos compétences et votre expérience. Êtes-vous un maître des feuilles de calcul, un assistant en code ou un expert en marketing ? Énumérez vos compétences et réalisations clés.

Voici 4 compétences principales :

[Maîtrise avancée d'Excel](#) est une compétence précieuse qui peut améliorer considérablement votre productivité et vos capacités à résoudre des problèmes. Voici quelques domaines dans lesquels des compétences avancées sur Excel entrent en jeu :

Formules et fonctions :

La maîtrise de formules complexes (par exemple, VLOOKUP, INDEX-MATCH, SUMIFS) vous permet de manipuler les données efficacement.

La création de fonctions personnalisées à l'aide de VBA (Visual Basic for Applications) étend les capacités d'Excel.

L'analyse des données:

Tableaux croisés dynamiques : résumez et analysez de grands ensembles de données.

Validation des données : garantir l'exactitude et la cohérence des données.

Mise en forme conditionnelle : mettez en évidence les tendances et les valeurs aberrantes.

Automatisation:

Macros : enregistrez les tâches répétitives et automatisez-les.

Personnalisation des rubans et des raccourcis pour un accès rapide.

Visualisations :

Graphiques et graphiques : présentez les données visuellement (diagrammes à barres, graphiques linéaires, nuages de points).

Sparklines : petits graphiques dans les cellules pour la visualisation des tendances.

Modélisation et simulation :

Recherche d'objectifs : recherchez les valeurs d'entrée pour obtenir les résultats souhaités.

Gestionnaire de scénarios : testez différents scénarios en fonction de variables changeantes.

N'oubliez pas que la maîtrise d'Excel ne consiste pas seulement à connaître les bases : il s'agit également d'exploiter ces fonctionnalités avancées pour rationaliser votre travail.

[Communication efficace :]

est une compétence essentielle dans tout contexte professionnel. Voici quelques aspects clés à considérer :

Clarté : Exprimez vos idées de manière concise et claire. Évitez le jargon ou le langage trop complexe.

Écoute active : faites attention aux autres, posez des questions et montrez un véritable intérêt.

Empathie : Comprenez différentes perspectives et adaptez votre style de communication en conséquence.

Communication non verbale : le langage corporel, le contact visuel et les gestes comptent.

Communication écrite : créez des e-mails, des rapports et des mémos bien structurés.

Résolution des conflits : Abordez les désaccords avec respect et trouvez un terrain d'entente.

N'oubliez pas qu'une communication efficace ne dépend pas seulement de ce que vous dites, mais aussi de la façon dont vous le dites !

Gestion de projet est une compétence à multiples facettes qui implique la planification, l'organisation et l'exécution de tâches pour atteindre des objectifs spécifiques. Voici quelques aspects clés :

Lancement du projet:

Définir les objectifs, la portée et les parties prenantes du projet.

Créez une charte de projet ou un document de lancement.

Planification:

Développez un plan de projet avec des tâches, des délais et des dépendances.

Allouer les ressources (personnes, budget, équipement).

Évaluation des risques et planification de l'atténuation.

Exécution:

Coordonner les membres de l'équipe.

Surveiller les progrès et ajuster si nécessaire.

Résoudre les problèmes et les changements.

Monitorage et contrôle:

Suivez les performances du projet.

Gérer la dérive de la portée.

Veiller au respect des normes de qualité.

Fermeture:

Évaluer la réussite du projet.

Documenter les leçons apprises.

Célébrez les réalisations !

[Techniques de négociation]() sont essentiels pour obtenir des résultats gagnant-gagnant. Voici quelques conseils:

Préparation:

Recherchez la situation, comprenez vos objectifs et anticipez la position de l'autre partie.

Connaissez votre valeur – quelles compétences ou contributions uniques apportez-vous ?

Écoute active:

Comprenez les besoins et les préoccupations de l'autre partie.

Posez des questions ouvertes pour recueillir des informations.

Comment être un auditeur actif ?

Limiter les distractions :

Pendant les conversations, minimisez les distractions. Rangez votre téléphone, fermez les onglets inutiles et concentrez-vous sur le haut-parleur.

Faites preuve de respect en accordant toute votre attention.

Utilisez un langage corporel approprié :

Maintenez un contact visuel et hochez la tête pour montrer votre engagement.

Évitez de croiser les bras ou de paraître désintéressé.

Restez présent :

Soyez dans l'instant présent. Ne laissez pas votre esprit vagabonder et ne planifiez pas votre réponse pendant que l'autre personne parle.

Écoutez activement sans interrompre.

Rechercher un sens plus tard :

Comprenez que tous les messages ne sont pas immédiatement clairs. Parfois, un sens émerge au fur et à mesure que la conversation se déroule.

Soyez patient et ouvert d'esprit.

Résumez ce que vous avez entendu :

Une fois que l'orateur a terminé, paraphrasez ses principaux points. Cela montre que vous avez vraiment compris.

Utilisez des expressions telles que « Donc, si je comprends bien… »

Posez des questions de suivi :

Creusez plus profondément en posant des questions pertinentes. Clarifiez toute ambiguïté ou explorez des sujets connexes.

Montrez un réel intérêt à comprendre leur point de vue.

N'oubliez pas que l'écoute active favorise une meilleure collaboration, réduit les malentendus et renforce les relations sur le lieu de travail.

Assurance:

Exprimez clairement votre position et le résultat souhaité.

Soyez respectueux mais ferme.

Esprit de résolution de problèmes :

Concentrez-vous sur les solutions, pas seulement sur les demandes.

Explorez les options créatives.

La flexibilité:

Soyez prêt à faire des compromis sans sacrifier vos besoins fondamentaux.

Recherchez des solutions mutuellement avantageuses.

Évaluations des performances - Une mine d'or d'informations

Introduction

Les évaluations de performances – ces réunions annuelles ou semestrielles qui suscitent souvent un mélange d'anxiété et de curiosité.

Mais n'ayez crainte ! Ces examens sont plus qu'une simple formalité ; ils détiennent de précieux indices sur votre parcours professionnel.

Dans ce chapitre, nous explorerons pourquoi les évaluations de performances sont importantes, comment les décoder et comment les exploiter à votre avantage.

Le rituel d'évaluation des performances

1. L'e-mail redouté

Il arrive dans votre boîte de réception : « Évaluation des performances programmée ».

Votre cœur s'emballe. Est-ce que ce sera un éloge ou une critique ?

2. La préparation

Dépoussiérez votre mémoire. Qu'avez-vous réalisé cette année ?

Recueillir des preuves : réussites du projet, témoignages de clients, mesures.

La mine d'or intérieure

1. Les notes

Les notes numériques ou qualitatives dépassent les attentes, répondent aux attentes et doivent être améliorées.

Décodez-les :

Dépasse les attentes : vous vous en sortez très bien ! Continuez comme ça.

Répond aux attentes : performances solides, mais marge de croissance.

Besoin d'amélioration : Uh-oh. Temps de réflexion.

2. Les commentaires

Le cœur de la revue.

Recherchez des modèles :

Éloge spécifique : compétences ou réalisations mises en évidence.

Critique constructive : domaines sur lesquels travailler.

Déclarations vagues : décodez-les – que signifient-elles réellement ?

3. Les objectifs

Tourné vers le futur.

Fixez-vous des objectifs SMART (spécifiques, mesurables, réalisables, pertinents, limités dans le temps). Alignez-les avec vos aspirations professionnelles.

Décoder le sous-texte

1. Le ton

Amical? Officiel? Froid?

Le ton révèle comment votre manager vous perçoit.

2. La fréquence

Examens réguliers ou sporadiques.

La cohérence compte.

3. Le moment

Avant les promotions ou les discussions salariales.

Un geste stratégique ?

Tirer parti des évaluations de performances

1. Réflexion personnelle

Qu'est-ce qui vous a surpris ? Qu'est-ce qui a résonné ?

Utilisez les commentaires pour la croissance.

2. Démarreurs de conversation

Planifiez une réunion de suivi.

Discutez des commentaires spécifiques.

3. Carburant de négociation

Mettre en valeur les réalisations lors des négociations salariales.

"Lors de ma dernière évaluation, j'ai systématiquement dépassé les attentes."

L'art de répondre

1. Reconnaissance

Merci à votre responsable pour ses commentaires.

Montrez votre appréciation pour les opportunités de croissance.

2. Plan d'action

Aborder les domaines à améliorer. Partagez vos objectifs.

Conclusion

Les évaluations de performances ne concernent pas uniquement les notes ; ils concernent votre évolution professionnelle. Alors, dépoussiérez ces critiques, exploitez l'or et utilisez-les comme tremplins vers vos aspirations professionnelles !

Les évaluations des performances jouent un rôle important dans les évaluations des performances au travail. Explorons leur importance :

Évaluation et commentaires :

Les évaluations de performance offrent un moyen structuré d'évaluer les performances d'un employé.

Ils offrent des commentaires spécifiques sur les points forts, les domaines à améliorer et les contributions globales.

Comparaison et différenciation :

Les notations permettent aux managers de comparer objectivement les employés.

Les plus performants sont reconnus, tandis que les moins performants peuvent avoir besoin d'un soutien supplémentaire.

Prise de décision:

Les notes éclairent les décisions liées aux promotions, aux primes et au développement de carrière.

Ils aident à allouer efficacement les ressources au sein de l'organisation.

Transparence et responsabilité :

Des notes claires créent de la transparence. Les employés comprennent où ils en sont.

La responsabilité augmente lorsque la performance est quantifiée.

N'oubliez pas que des évaluations de performance précises et équitables contribuent à un lieu de travail prospère.

Chapitre 4 : Construire votre dossier

Documenter les réalisations

Commencez à dresser une liste de vos réalisations. Pensez aux chiffres, aux pourcentages et aux signes dollar. Plus vos réalisations sont quantifiables, plus votre argumentaire est solide.

Introduction

Dans la quête d'une compensation équitable, il est essentiel de constituer un dossier solide. Il ne suffit pas de se sentir sous-évalué ; vous avez besoin de preuves pour étayer vos affirmations. Dans ce chapitre, nous explorerons comment documenter efficacement vos réalisations et les présenter de manière convaincante.

L'importance de la documentation

1. La mémoire s'efface

Ce projet que tu as lancé il y a six mois. C'est un lointain souvenir.

La documentation garantit que vous n'oubliez pas vos victoires.

2. Preuve objective

Lorsque vous dites : « Je suis bon en X », votre manager veut une preuve.

La documentation fournit cette preuve.

Que documenter

1. Réalisations quantifiables

Les chiffres parlent : revenus générés, économies de coûts, délais respectés.

Avant et après : montrez l'impact de votre travail.

2. Compétences générales

Témoignages de clients : « Les compétences en communication de Jane ont sauvé notre relation client. »

Collaboration en équipe : « John a mené une équipe interfonctionnelle vers le succès. »

3. Projets et initiatives

Descriptions des projets : Qu'avez-vous dirigé ? Quelles difficultés avez-vous surmontées ?

Innovations : « Introduction d'un système de reporting automatisé, réduisant le travail manuel de 50 %. »

L'art de documenter

1. Notes en temps réel

Journal quotidien : notez les victoires, les défis et les leçons apprises.

Dossier de courrier électronique : enregistrez les félicitations et les mises à jour du projet.

2. Suivi des métriques

Excel ou Google Sheets : créez un tracker simple.

Graphiques et tableaux : visualisez les progrès.

3. Preuve visuelle

Captures d'écran : visuels avant et après.

Photos : événements, présentations ou projets terminés.

Élaborer votre dossier

1. **La méthode STAR**

   La méthode STAR est une technique structurée utilisée pour répondre aux questions d'entretien comportemental. Cela signifie Situation, Tâche, Action et Résultat. Cette approche permet à la personne interrogée de fournir des réponses claires, concises et réfléchies, basées sur des exemples concrets tirés de ses propres expériences.
   Lorsque vous utilisez la méthode STAR, vous décomposez votre réponse en ces quatre éléments :

Situation : Décrivez le contexte ou la situation dans laquelle vous vous trouviez. Quel a été le défi ou le scénario auquel vous avez été confronté ?
Tâche:
Expliquez la tâche ou l'objectif spécifique que vous deviez accomplir dans cette situation.

Action : détaillez les actions que vous avez entreprises pour accomplir la tâche. Quelles étapes avez-vous suivi ? Comment avez-vous abordé le problème ?

Résultat : partagez le résultat de vos actions. Que s'est-il passé grâce à vos efforts ? Quel impact cela a-t-il eu ?

En utilisant la méthode STAR, vous pouvez fournir des réponses structurées et convaincantes lors des entretiens, mettant en valeur vos compétences et démontrant comment vous avez géré des situations similaires dans le passé.
N'oubliez pas de vous entraîner et d'adapter vos réponses à des questions spécifiques pour les faire briller !

2. Narration

Narration : Intégrez vos réalisations dans une histoire captivante.

Mettre l'accent sur la croissance : montrez comment vous avez évolué.

Présenter votre cas

1. Évaluations des performances

Inclure la documentation : ne vous fiez pas uniquement à la mémoire.

2. Négociations salariales

Données + Réalisations : « Basé sur les normes de l'industrie et mes réalisations... »

Confiance : présentez votre cas avec assurance.

Conclusion

Construire votre dossier ne consiste pas à vous vanter ; il s'agit de défendre votre valeur. Documentez vos réalisations avec diligence et, le moment venu, présentez-les avec confiance.

N'oubliez pas que vous ne demandez pas seulement plus d'argent ; tu demandes de la reconnaissance

Témoignages et recommandations

Recueillez les recommandations des collègues, des gestionnaires et des clients. Ceux-ci peuvent fournir un support solide à vos réclamations.

Chapitre 5 : Stratégies de négociation

L'art de la négociation

Pratiquez votre argumentaire. Envisagez de jouer un rôle avec un ami ou un mentor de confiance. N'oubliez pas que la confiance est la clé.

Recherche et préparation :

Avant toute négociation, rassemblez des données sur les normes du secteur, les références de l'entreprise et les échelles salariales pour votre rôle.

Des sites Web comme Glassdoor, Payscale et LinkedIn peuvent en effet fournir des informations précieuses.

Comprenez votre propre valeur en évaluant vos compétences, votre expérience et vos contributions. Quelles forces uniques apportez-vous à la table ?

Le timing compte :

Choisissez le bon moment pour discuter de salaire. Idéalement, attendez après avoir reçu une offre d'emploi ou lors des évaluations de performances.

<u>Soyez patient et évitez de vous précipiter dans les négociations</u>. Rassemblez des preuves et construisez votre dossier.

Connaissez votre échelle salariale souhaitée :

Déterminez le salaire minimum acceptable (votre point de départ) et votre salaire idéal.

Visez le haut de gamme, mais soyez réaliste en fonction des conditions du marché et de vos qualifications.

Concentrez-vous sur la valeur, pas sur le besoin :

Cadrez votre négociation autour de la valeur que vous apportez à l'organisation. Mettez en valeur vos réalisations, vos compétences et votre impact potentiel.

Évitez de discuter de vos besoins ou difficultés financières personnelles.

<u>Pratiquez</u> l'écoute active :

Comprendre le point de vue de l'employeur. Quelles sont leurs priorités ? À quels défis sont-ils confrontés ?

Écoutez attentivement pendant la négociation pour identifier les domaines dans lesquels vous pouvez aligner vos intérêts sur les leurs.

Utilisez le pouvoir du silence :

Après avoir indiqué le salaire souhaité, faites une pause. Laissez l'autre partie répondre.

Le silence peut être inconfortable mais puissant. Cela encourage l'autre partie à faire des concessions.

Tirez parti des avantages non salariaux :

Si le salaire de base n'est pas négociable, explorez d'autres avantages : primes, options d'achat d'actions, horaires de travail flexibles, travail à distance, avantages sociaux et opportunités de développement professionnel.

Considérez l'ensemble de la rémunération, pas seulement le salaire de base.

Soyez confiant et assertif :

Maintenez un contact visuel, parlez clairement et exprimez vos arguments avec confiance.

Utilisez des expressions telles que « Je pense que mes compétences justifient un salaire plus élevé » plutôt que « J'espère que vous pourrez envisager… »

Pratiquez le jeu de rôle :

Demandez à un ami ou à un mentor de simuler la négociation. Pratiquez différents scénarios.

Gagnez en confiance en répétant vos réponses.

Soyez prêt à partir :

Parfois, les négociations n'aboutissent pas au résultat souhaité. Soyez prêt à refuser une offre si elle est très insuffisante.

N'oubliez pas que votre valeur s'étend au-delà de toute opportunité d'emploi.

N'oubliez pas que la négociation est une compétence qui s'améliore avec la pratique. Soyez respectueux, professionnel et ouvert d'esprit tout au long du processus.

Bonne chance et que vos négociations soient fructueuses !

Comment gérer un négociateur agressif :

Faire face à des négociateurs agressifs ou peu coopératifs peut être difficile, mais il existe des stratégies efficaces pour gérer de telles situations. Voici quelques conseils:

Restez calme et posé :

Gardez votre sang-froid même si l'autre partie devient agressive.

Évitez de réagir émotionnellement ou d'aggraver la tension.

Écoutez activement :

Comprenez leur point de vue. Parfois, l'agressivité découle de la frustration ou de la peur.

Faites preuve d'empathie et reconnaissez leurs sentiments.

Fixer des limites:

Soyez assertif mais respectueux. Indiquez clairement quel comportement est inacceptable.

Par exemple, vous pouvez dire : « Je comprends votre frustration, mais gardons la conversation professionnelle. »

Concentrez-vous sur les intérêts, pas sur les postes :

Regardez au-delà de leur attitude agressive. Identifiez leurs intérêts sous-jacents.

Trouvez un terrain d'entente et explorez des solutions gagnant-gagnant.

Utilisez la technique « Ressentir, ressentir, trouver » :

Reconnaissez leurs émotions : « Je comprends ce que vous ressentez. »

Partagez une expérience similaire : « D'autres ont ressenti la même chose. »

Transition vers un résultat positif : « Ce qu'ils ont trouvé utile, c'est... »

Redirigez la conversation :

Déplacez l'attention sur les problèmes en question. Recadrez la discussion.

Par exemple : « Concentrons-nous sur la recherche d'une solution au problème ».

Soyez patient et persévérant :

Un comportement agressif peut être une tactique de négociation. N'abandonne pas.

Gardez les voies de communication ouvertes et recherchez un terrain d'entente.

N'oubliez pas que le maintien du professionnalisme et la recherche d'une compréhension mutuelle peuvent conduire à de meilleurs résultats, même avec des négociateurs difficiles.

Chapitre 6 : Tirer parti des offres

Offres d'emplois

Si vous passez un entretien ailleurs et recevez une offre, cela peut être un outil puissant dans votre arsenal de négociation.

Faites simplement attention à ne pas bluffer à moins que vous ne soyez prêt à vous retirer.

Lorsque vous recevez une offre d'emploi, c'est l'occasion non seulement de négocier les termes de cette offre spécifique, mais également de l'utiliser comme levier pour votre poste actuel ou d'autres opportunités potentielles. Voici comment maximiser votre effet de levier :

Comprenez votre valeur marchande :

Avant de profiter d'une offre, assurez-vous de connaître votre valeur marchande. Recherchez les normes de l'industrie, les échelles salariales et les avantages sociaux pour votre rôle.

Utilisez des outils tels que Glassdoor, LinkedIn et des enquêtes salariales pour collecter des données.

Recevez l'offre par écrit :

Demandez toujours une offre écrite. Cela apporte de la clarté et garantit que vous disposez de tous les détails.

Une fois que vous l'avez, exprimez votre gratitude et prenez le temps de l'examiner attentivement.

Évaluez l'offre de manière globale :

Regardez au-delà du salaire de base. Pensez aux primes, aux options d'achat d'actions, aux avantages sociaux, aux jours de vacances et à d'autres avantages.

Calculez la rémunération totale pour comprendre sa vraie valeur.

Évaluez votre situation actuelle :

Évaluez votre emploi actuel, y compris votre salaire, vos responsabilités et vos perspectives de croissance.

Identifiez les domaines dans lesquels votre rôle actuel ne répond pas à vos attentes ou dans lesquels vous souhaiteriez une amélioration.

Planifiez une réunion avec votre responsable :

Comment préparer un rendez-vous avec votre manager ?

Réfléchissez à vos objectifs :

Pensez aux aspects de votre travail qui vous apportent épanouissement et succès.

Réfléchissez à quoi vous souhaitez que votre journée de travail quotidienne se déroule et à vos aspirations professionnelles[1].

Opportunités de recherche :

Étudiez les opportunités d'évolution de carrière au sein de votre entreprise.

Comprendre les voies d'avancement disponibles et les postes de direction[1].

Connaissez votre valeur :

Soyez confiant dans l'expression de vos contributions à l'équipe ou à l'organisation.

Défendez-vous en mettant en valeur vos réussites, vos connaissances et vos capacités de leadership.

<u>Ensuite, demandez une réunion :</u>

Planifiez une réunion dédiée avec votre manager spécifiquement pour discuter de votre évolution de carrière.

Évitez de regrouper cette conversation dans des réunions individuelles de routine ou des évaluations de performances.

Articulez vos idées :

Exprimez clairement vos objectifs et vos intérêts lors de la réunion.

Partagez comment vous ajoutez de la valeur et comment vous envisagez votre avenir au sein de l'entreprise.

Comment créer un plan prospectif :

Fixez-vous des objectifs clairs :

Définissez vos objectifs à court et à long terme. Que souhaitez-vous réaliser au cours des 6 prochains mois, 1 an ou 5 ans ?

Assurez-vous que vos objectifs correspondent à vos aspirations personnelles et à la vision de l'entreprise.

Évaluez vos compétences et vos lacunes :

Identifiez les compétences nécessaires pour atteindre vos objectifs.

Évaluez vos compétences actuelles. Quels domaines nécessitent une amélioration ou un développement ?

Créez un plan de développement des compétences :

Décomposez les compétences en morceaux gérables.

Fixez des délais pour acquérir ou améliorer chaque compétence.

Envisagez une formation formelle, des cours en ligne ou un mentorat.

Établir des relations:

Le réseautage est essentiel pour l'évolution de carrière.

Connectez-vous avec des collègues, des professionnels de l'industrie et des mentors.

Assistez à des conférences, des ateliers et des événements de l'industrie.

Recherchez régulièrement des commentaires :

Demandez les commentaires de votre responsable, de vos pairs et des membres de votre équipe.

Utilisez des critiques constructives pour affiner votre approche.

Rester informé:

Tenez-vous au courant des tendances du secteur, des avancées technologiques et des évolutions du marché.

Lisez des articles pertinents, suivez les leaders d'opinion et abonnez-vous aux newsletters.

Cartographier les jalons :

Créez un calendrier avec des étapes pour atteindre vos objectifs.

Célébrez les petites victoires en cours de route.

Soyez adaptable :

Les plans peuvent changer en raison de circonstances imprévues.

<u>Soyez flexible et ajustez votre plan au besoin.</u>

N'oubliez pas qu'un plan prospectif est dynamique : il évolue à mesure que vous grandissez et apprenez. Restez engagé, restez curieux et continuez à avancer !

Après la réunion, rédigez un plan décrivant les prochaines étapes :

Identifiez les nouvelles compétences que vous devez acquérir.

Précisez les projets que vous avez accepté de réaliser.

Envisagez d'établir des relations avec des parties prenantes importantes.

N'oubliez pas qu'une communication proactive sur vos objectifs futurs démontre votre engagement et aide à aligner votre trajectoire de carrière sur les besoins de l'organisation.

Soyez transparent avec votre manager. Expliquez que vous avez reçu une offre et que vous souhaitez en discuter.

Cadrez la conversation de manière positive : « On m'a présenté une opportunité passionnante… »

Présentez l'offre de manière professionnelle :

Partagez les détails clés de l'offre avec votre responsable. Soyez factuel et concis.

Mettez en avant les aspects attractifs et pertinents par rapport à votre situation actuelle.

Exprimez votre intérêt à rester :

Insistez sur votre engagement envers l'entreprise et votre désir de continuer à contribuer.

Mentionnez vos réalisations spécifiques et votre dévouement envers l'équipe.

Proposer des améliorations :

En fonction de votre recherche et de l'offre, proposez des modifications spécifiques à votre rémunération actuelle.

Soyez prêt à négocier non seulement le salaire mais également d'autres avantages sociaux.

Soyez ouvert aux contre-offres :

Votre responsable peut répondre avec une offre améliorée. Soyez réceptif et prévenant.

Si la contre-offre est acceptable, exprimez votre gratitude et votre acceptation.

Sachez quand partir :

Parfois, tirer parti d'une offre ne donne pas le résultat souhaité.

Si votre employeur actuel n'est pas disposé à répondre à vos attentes, soyez prêt à accepter l'offre externe.

N'oubliez pas que l'effet de levier ne consiste pas à menacer de partir ; il s'agit de défendre votre valeur. Abordez les négociations de manière professionnelle, entretenez des relations positives et prenez des décisions éclairées. Tirez parti judicieusement et que votre carrière prospère !

Opportunités internes

Parfois, la meilleure solution se fait au sein de votre entreprise actuelle. Recherchez des opportunités d'évoluer ou d'accéder latéralement à un rôle mieux rémunéré.

Promotions :

Recherchez des promotions au sein de votre département ou équipe actuel. Une promotion implique généralement de passer à un poste de niveau supérieur avec des responsabilités accrues et souvent un salaire plus élevé.

Démontrez vos compétences, assumez des tâches supplémentaires et exprimez votre intérêt pour la croissance à votre superviseur.

Mouvements latéraux :

Envisagez des mouvements latéraux vers différents rôles ou départements. Ces mouvements ne sont pas nécessairement ascendants, mais peuvent offrir une expérience et une visibilité précieuses.

Les mouvements latéraux peuvent élargir vos compétences et vous rendre plus polyvalent.

Transferts :

Explorez les opportunités dans d'autres succursales ou sites de votre entreprise. Les transferts vous permettent de découvrir différents environnements de travail et cultures.

Soyez ouvert à la réinstallation si nécessaire.

Projets spéciaux et groupes de travail :

Participer à des projets ou groupes de travail transversaux. Ces initiatives impliquent souvent une collaboration avec des collègues de différents départements.

L'exposition à différents domaines peut améliorer vos compétences et votre visibilité.

Programmes de rotation des emplois :

Certaines entreprises proposent des programmes formels de rotation des emplois. Ceux-ci permettent aux salariés d'évoluer entre différents rôles sur une période définie.

Les rotations de postes peuvent fournir une compréhension globale de l'organisation.

Développement de compétence:

Assistez à des ateliers, des sessions de formation et des conférences. Acquérez de nouvelles compétences qui correspondent à vos objectifs de carrière.

Mettez en valeur votre apprentissage continu pour vous démarquer.

Réseautage et mentorat :

Établir des relations avec des collègues, des gestionnaires et des hauts dirigeants. Le réseautage peut conduire à des opportunités internes.

Recherchez des mentors qui peuvent guider votre cheminement de carrière.

Surveiller les offres d'emploi en interne :

Consultez régulièrement le site d'emploi interne de votre entreprise. De nouveaux postes pourraient s'ouvrir.

Postulez stratégiquement en fonction de vos intérêts et de vos qualifications.

Exprimez vos ambitions :

Communiquez vos aspirations professionnelles à votre superviseur. Discutez de votre désir de croissance et demandez conseil.

Soyez proactif en recherchant des commentaires et en discutant de votre plan de développement.

Restez positif et patient :

Les opportunités internes peuvent prendre du temps. Restez engagé et maintenez une attitude positive.

N'oubliez pas que la persévérance est payante.

Que se passe-t-il si l'agression de l'autre partie affecte ma confiance pendant la négociation ?

Faire affaire avec un interlocuteur agressif peut en effet impacter votre confiance lors des négociations.

Disponible sur Amazon

Voici quelques stratégies pour garder votre sang-froid et reprendre confiance :

Connaissance de soi:

Reconnaissez vos réactions émotionnelles. Comprenez que leur agressivité ne reflète pas votre valeur ou vos capacités.

Rappelez-vous que vous êtes préparé et capable.

Discours intérieur positif :

Contrez les pensées négatives avec des affirmations positives.

Par exemple, « Je suis bien préparé », « J'ai des informations précieuses » ou « Je peux gérer cela ».

Concentrez-vous sur les faits et les objectifs :

Détournez votre attention de leur comportement. Concentrez-vous sur le but de la négociation et vos objectifs.

Ancrez-vous dans les faits et le résultat souhaité.

Respirez et régulez le stress :

Respirez profondément pour calmer votre système nerveux.

Pratiquez des techniques de pleine conscience pour rester centré.

Utilisez un langage assertif :

Choisissez vos mots avec soin. Soyez assertif sans être agressif.

Par exemple : « J'apprécie votre passion, mais concentrons-nous sur la recherche d'un terrain d'entente. »

Visualisez le succès :

Imaginez un résultat positif. Visualisez-vous en train de gérer la situation avec confiance.

La visualisation peut renforcer la confiance en soi.

Rechercher de l'aide :

Contactez un mentor, un ami ou un coach. Discutez de vos sentiments et prenez du recul.

La validation externe peut renforcer votre confiance.

N'oubliez pas que leur agressivité concerne eux, pas vous. Restez résilient, restez professionnel et faites confiance à vos capacités

Chapitre 7 : Au-delà du salaire – Avantages et bénéfices

Rémunération totale

Le salaire est important, mais ne négligez pas les avantages sociaux tels que l'assurance maladie, les régimes de retraite, les stock-options, etc.

Assurance santé:

Une couverture santé complète est essentielle. Évaluer la qualité des plans médicaux, dentaires et visuels. Tenez compte de facteurs tels que les primes, les franchises et la couverture des personnes à charge.

Plans de retraite:

Les régimes de retraite parrainés par l'employeur (comme le 401(k) ou le REER) vous permettent d'épargner pour l'avenir. Recherchez les cotisations de contrepartie de l'employeur et les calendriers d'acquisition.

Congés payés (PTO) :

Évaluez les jours de vacances, les congés de maladie et les jours fériés. Un équilibre sain entre vie professionnelle et vie privée est crucial. Certaines entreprises offrent des avantages supplémentaires comme un congé parental payé ou des congés sabbatiques.

Modalités de travail flexibles – Travail à distance :

Explorez des options telles que le travail à distance, les horaires flexibles ou les semaines de travail compressées.

La flexibilité peut améliorer la satisfaction au travail et la productivité.

Travail à distance:

Les employés travaillent depuis un endroit autre que le bureau (par exemple, à domicile, dans un espace de coworking).

Nécessite un accès Internet fiable et de l'autodiscipline.

Les avantages comprennent une réduction du temps de trajet et un meilleur équilibre entre travail et vie privée.

Horaires flexibles :

Permet aux salariés de choisir leurs heures de début et de fin dans certaines limites. Par exemple, vous pourriez travailler de 7h00 à 15h00 au lieu de la période standard de 9h00 à 17h00.

Semaines de travail compressées :

Condense la semaine de travail en moins de jours (par exemple, quatre jours de 10 heures au lieu de cinq jours de 8 heures). Fournit des week-ends plus longs et peut améliorer la productivité.

Partage d'emploi:

Deux employés se partagent les responsabilités d'un poste à temps plein.

Chacun travaille à temps partiel (par exemple, trois jours par semaine) et partage l'information de manière transparente.

Retraite progressive :

Permet aux salariés plus âgés de réduire progressivement leurs heures avant la retraite.

Aide à conserver les connaissances institutionnelles et assure une transition plus fluide.

Horaires d'été :

Commun dans certaines industries pendant les mois d'été. Les employés travaillent plus longtemps du lundi au jeudi et ont un vendredi plus court.

Environnement de travail axé uniquement sur les résultats (ROWE) :

Se concentrer sur les résultats plutôt que sur les heures travaillées. Les employés ont l'autonomie pour gérer leur temps tant qu'ils atteignent leurs objectifs.

Programmes de congé parental et de retour au travail :

Soutenez les parents en leur offrant des options de congé prolongé ou de retour progressif. Aide à équilibrer les responsabilités professionnelles et familiales.

Flexibilité pour les besoins personnels :

Accueillez les rendez-vous personnels, les urgences familiales ou d'autres événements de la vie. Les systèmes basés sur la confiance permettent aux employés de gérer leur temps de manière responsable.

Arrangements personnalisés :

Certaines entreprises adaptent des arrangements flexibles aux besoins individuels.

<u>Discutez des options avec votre responsable et les RH.</u>

Bonus et incitations :

Au-delà du salaire de base, renseignez-vous sur les primes, commissions ou participations aux bénéfices basées sur la performance.

Comprenez les critères pour obtenir ces incitations.

Options d'achat d'actions et actions :

Les stock-options vous permettent d'acheter des actions d'une entreprise à un prix prédéterminé.

Les subventions en actions alignent vos intérêts sur le succès de l'entreprise.

Développement professionnel:

Recherchez des opportunités de développement de compétences, de certifications et d'ateliers.

Certains employeurs proposent le remboursement des frais de scolarité ou sponsorisent des conférences.

Programmes de bien-être :

Les initiatives de bien-être favorisent la santé physique et mentale. Les exemples incluent les abonnements à un gymnase, les services de conseil et les programmes de gestion du stress.

Avantages du transport :

Les avantages pour les navetteurs (tels que les laissez-passer de transport en commun ou les subventions au stationnement) peuvent vous faire économiser de l'argent.

Évaluez la commodité et la rentabilité.

Programmes d'aide aux employés (PAE) :

Les PAE fournissent des conseils et un soutien confidentiels pour des problèmes personnels ou liés au travail.

Sachez comment accéder à ces services si nécessaire.

Avantages et réductions :

Certaines entreprises offrent des réductions sur des produits, des services ou des divertissements.

Découvrez les avantages des employés comme des réductions sur les salles de sport, des offres de voyage ou des repas gratuits.

L'équilibre travail-vie

Parfois, un horaire flexible ou des options de travail à distance peuvent valoir plus qu'un salaire plus élevé.

Culture d'entreprise :

La culture fait référence aux croyances, comportements et normes partagés au sein d'une organisation.

Cela englobe la manière dont les gens interagissent, communiquent et collaborent. Une culture positive favorise l'engagement, la satisfaction et la productivité des employés. Des exemples d'aspects culturels incluent le travail d'équipe, la transparence, l'équilibre travail-vie personnelle et l'inclusivité.

Valeurs:

Les valeurs représentent les principes fondamentaux qui guident la prise de décision et le comportement. Les entreprises définissent souvent leurs valeurs de manière explicite (par exemple, intégrité, innovation, orientation client).

Les employés qui s'alignent sur ces valeurs ont tendance à s'épanouir au sein de l'organisation. Les valeurs influencent tout, de l'embauche à la planification stratégique.

Impact sur les employés :

Une culture forte et des valeurs claires créent un sentiment d'utilité et d'identité. Les employés se sentent motivés lorsque leurs valeurs personnelles s'alignent sur celles de l'entreprise.

À l'inverse, une culture toxique peut conduire à l'épuisement professionnel, au roulement du personnel et à l'insatisfaction.

Évaluation de la culture et des valeurs :

Recherchez l'énoncé de mission de l'entreprise, le site Web et les témoignages d'employés. Observez les interactions lors d'entretiens ou d'événements d'entreprise. Interrogez les employés actuels sur leurs expériences.

Diversité culturelle:

Adoptez la diversité sous toutes ses formes (origine ethnique, sexe, âge, etc.).

Les cultures inclusives valorisent différentes perspectives et promeuvent l'équité. La diversité améliore la créativité et la résolution de problèmes.

Le rôle du leadership :

Les dirigeants donnent le ton à la culture et aux valeurs. Leurs actions, leurs communications et leurs décisions façonnent l'organisation. Un leadership transparent et éthique favorise la confiance.

Chapitre 8 : Quand s'éloigner

Savoir quand quitter un emploi ou une opportunité est crucial pour votre carrière et votre bien-être. Voici quelques signes indiquant qu'il est peut-être temps de partir :

Les pratiques contraires à l'éthique sur le lieu de travail peuvent avoir un impact significatif sur les employés et l' organisation.

Voici quelques <u>exemples de comportements contraires à l'éthique</u> à surveiller :

Malhonnêteté et fraude :

Falsifier des dossiers, déformer des informations ou tromper intentionnellement autrui. Cela érode la confiance et nuit à la réputation de l'entreprise.

Discrimination et harcèlement :

Traiter les employés injustement en raison de leur race, de leur sexe, de leur religion ou d'autres caractéristiques protégées. Un environnement toxique peut résulter de la discrimination ou du harcèlement.

Corruption et pots-de-vin :

Accepter ou offrir des pots-de-vin, des pots-de-vin ou d'autres incitations illégales. Ces actions compromettent l'intégrité et violent les lois.

Conflit d'intérêt:

Lorsque les intérêts personnels interfèrent avec les devoirs professionnels. La transparence est cruciale pour éviter les conflits.

Délit d'initié :

Utiliser des informations non publiques pour obtenir un avantage dans les transactions boursières.

C'est illégal et contraire à l'éthique.

Exploitation:

Tirer parti des employés vulnérables (par exemple, heures supplémentaires non rémunérées, conditions dangereuses). Un traitement équitable est essentiel.

Disponible sur Amazon

Plagiat et vol de propriété intellectuelle :

Copier le travail d'autrui sans attribution appropriée ou voler la propriété intellectuelle. Respectez les créateurs originaux et leurs droits.

Violations environnementales :

Ignorer les réglementations environnementales ou causer des dommages à l'environnement.

Les pratiques responsables profitent à tous.

Manque de transparence:

Dissimulation d'informations aux employés ou aux parties prenantes.

La transparence renforce la confiance.

Ignorer les protocoles de sécurité :

Donner la priorité aux profits plutôt qu'à la sécurité des employés.

La sécurité doit toujours primer.

Environnement de travail toxique :

Si le lieu de travail est constamment négatif, toxique ou nocif, il est temps de passer à autre chose.

Votre santé mentale et émotionnelle compte.

Stagnation:

Si vous avez atteint un plateau de carrière sans perspectives de croissance, explorez de nouvelles opportunités.

Manque de reconnaissance ou d'appréciation :

Vous vous sentez sous-évalué ? Si vos efforts passent inaperçus, il est temps de les évaluer. Vous méritez d'être reconnu pour votre travail acharné.

Burnout:

Le stress chronique, l'épuisement et le manque d'équilibre entre vie professionnelle et vie privée sont des signes d'épuisement professionnel. Donnez la priorité à votre bien-être.

Objectifs incompatibles :

Si vos objectifs personnels et professionnels ne correspondent plus à ceux de l'entreprise, réévaluez-les. Vous devez vous sentir passionné par votre travail.

Instabilité financière :

Si l'entreprise est confrontée à des difficultés financières ou à une instabilité, pensez à votre propre sécurité. La sécurité de l'emploi est importante.

Problèmes de santé:

Si le travail a un impact négatif sur votre santé (physique ou mentale), donnez la priorité aux soins personnels. <u>Votre santé compte le plus.</u>

Manque d'opportunités d'apprentissage :

Si vous ne grandissez pas ou n'apprenez pas, recherchez un environnement plus épanouissant.

L'apprentissage tout au long de la vie est essentiel.

Faites confiance à votre instinct :

Parfois, l'intuition vous dit qu'il est temps de passer à autre chose. Faites-lui confiance.

Écoutez votre boussole intérieure.

N'oubliez pas que partir n'est pas un échec : c'est une décision stratégique pour votre avenir.

Connaître votre valeur

Comprendre votre valeur sur le lieu de travail est essentiel pour la satisfaction professionnelle et le bien-être financier. Voici quelques étapes pour vous aider à évaluer votre valeur :

Normes de l'industrie de la recherche :

Examinez les échelles salariales pour votre rôle dans votre secteur et votre emplacement.

Des sites Web comme Glassdoor, Payscale et LinkedIn fournissent en effet des données précieuses.

Évaluez vos compétences et votre expérience :

Soyez honnête au sujet de vos qualifications, de votre expertise et de vos contributions uniques.

Tenez compte de votre formation, de vos certifications et de vos années d'expérience.

Suivez vos réalisations :

Gardez une trace de vos réalisations, de vos projets et de vos résultats positifs.

Quantifiez les résultats autant que possible (par exemple, « Augmentation des ventes de 20 % »).

Comprenez votre rémunération totale :

Au-delà du salaire, pensez aux avantages sociaux, aux primes et aux stock-options.

Calculez l'ensemble du package pour évaluer sa valeur.

Évaluer la demande du marché :

Vos compétences sont-elles très demandées ? Y a-t-il des pénuries dans votre domaine ?

La rareté entraîne souvent une rémunération plus élevée.

Tenir compte du coût de la vie :

Comparez les salaires en fonction du coût de la vie dans votre région.

Ajustez les attentes en conséquence.

Soyez prêt à négocier :

Lorsque vous discutez de rémunération, soyez confiant et assertif.

Pratiquez des scénarios de négociation avec un ami ou un mentor.

N'oubliez pas que votre valeur va au-delà de la compensation monétaire. Tenez compte de l'équilibre travail-vie personnelle, des opportunités de croissance et de l'alignement avec vos valeurs.

Défendez ce que vous méritez !

La stratégie de sortie – Évaluez vos raisons :

Pourquoi envisagez-vous une sortie ? S'agit-il d'insatisfaction, d'évolution de carrière ou de circonstances personnelles ?

Comprenez vos motivations pour prendre une décision éclairée.

Évaluer le timing :

Considérez le bon moment pour sortir. Est-ce après avoir terminé un projet, lors d'une évaluation des performances ou lorsqu'une meilleure opportunité se présente ?

Évitez si possible les départs brusques.

Préparation financière :

Évaluez votre situation financière. Avez-vous des économies pour couvrir les dépenses pendant la transition ?

Tenez compte des indemnités de départ, des jours de vacances non utilisés et de tout paiement impayé.

Mettez à jour votre CV et votre profil LinkedIn :

Gardez vos profils professionnels à jour.

Mettez en valeur vos réalisations et vos compétences.

Réseautez et recherchez des opportunités :

Connectez-vous avec des collègues, des mentors et des contacts de l'industrie.

Explorez les sites d'emploi, assistez à des événements de réseautage et postulez de manière stratégique.

<u>Démissionner professionnellement :</u>

Planifiez une réunion avec votre superviseur pour discuter de votre décision.

Soyez respectueux, exprimez votre gratitude et donnez un préavis adéquat (généralement deux semaines).

Le transfert de connaissances:

Documentez vos processus de travail, vos projets en cours et vos informations critiques.

Assurez un transfert en douceur à votre successeur.

Préparation émotionnelle :

Reconnaissez vos sentiments :

Reconnaissez toutes les émotions que vous ressentez, qu'il s'agisse d'excitation, d'anxiété ou de tristesse.

Il est normal de ressentir un mélange d'émotions lors des transitions.

Réfléchissez à votre parcours :

Tenez compte de vos réalisations, de votre croissance et de l'impact que vous avez eu.

Célébrez vos réussites et apprenez des défis.

Visualisez l'avenir :

Imaginez les aspects positifs de votre prochaine étape.

Visualisez vos objectifs et les opportunités à venir.

Rechercher de l'aide :

Parlez à vos amis, à votre famille ou à un mentor. Partagez vos sentiments et vos préoccupations.

Le soutien émotionnel est essentiel lors des transitions.

Prenez soin de vous :

Donnez la priorité aux soins personnels : reposez-vous, faites de l'exercice et participez à des activités que vous aimez.

Gérer le stress et maintenir l'équilibre.

Restez ouvert d'esprit :

Acceptez l'incertitude comme une opportunité de croissance.

Soyez ouvert à de nouvelles expériences et connexions.

Exprimer de la gratitude:

Appréciez les personnes, les expériences et les leçons de votre situation actuelle.

La gratitude aide à faciliter les transitions.

N'oubliez pas que les émotions sont valables et qu'il est normal de ressentir un mélange d'excitation et d'appréhension. Faites-vous confiance et que cette transition conduise à des résultats positifs !

Partir peut être émouvant. Préparez-vous mentalement à la transition.

Concentrez-vous sur les aspects positifs de votre prochaine étape.

<u>Restez professionnel jusqu'à la fin :</u>

Maintenez une attitude positive, même pendant votre période de préavis.

Sortez gracieusement en laissant une impression positive.

Accomplissez vos responsabilités : terminez les tâches en attente, respectez les délais et assurez une transition en douceur pour votre équipe.

Attitude positive : restez positif et accessible. Évitez la négativité ou les commérages.

Remercier les collègues : Exprimez votre gratitude aux collègues et aux superviseurs. Reconnaissez leurs contributions.

Processus documentaires : créez des instructions claires pour votre remplacement. Partagez généreusement vos connaissances.

Restez engagé : assistez aux réunions, participez activement et contribuez jusqu'à votre dernier jour.

Dites au revoir : les e-mails d'adieu ou les petits rassemblements peuvent être une belle façon de dire au revoir.

N'oubliez pas que partir sur une note positive reflète bien votre professionnalisme et votre intégrité.

Chapitre 9 : Auto-amélioration continue

Développement de compétences

L'importance du développement des compétences :

Apprentissage tout au long de la vie :

Engagez-vous à apprendre tout au long de votre carrière. Assistez à des ateliers, suivez des cours et lisez des livres pertinents.

Restez curieux et adaptez-vous aux tendances changeantes.

Compétences générales :

Développer les compétences en communication, en travail d'équipe et en leadership.

L'intelligence émotionnelle, l'adaptabilité et l'empathie sont tout aussi cruciales.

Compétences techniques:

Restez à jour dans votre domaine. Apprenez de nouveaux langages, outils ou méthodologies de programmation.

Maîtrisez les compétences qui correspondent à votre rôle.

La mise en réseau:

Établir des relations professionnelles. Assistez à des conférences, rejoignez des groupes industriels et connectez-vous sur LinkedIn.

Le réseautage ouvre les portes à des opportunités.

Gestion du temps:

Gérez efficacement votre temps. Hiérarchisez les tâches, fixez des objectifs et évitez la procrastination.

La gestion du temps améliore la productivité.

Commentaires et réflexion :

Sollicitez les commentaires de vos collègues, mentors et superviseurs.

Réfléchissez à vos performances et identifiez les domaines à améliorer.

Adaptabilité:

Embrasser le changement. Soyez ouvert aux nouveaux défis et technologies.

L'adaptabilité garantit le succès à long terme.

N'oubliez pas que l'amélioration continue de soi est un voyage. Investissez en vous-même, cela rapporte des dividendes !

N'arrêtez jamais d'apprendre. Investissez dans des cours, des certifications et des formations pour maintenir vos compétences pointues et recherchées.

La mise en réseau

Construire et entretenir un solide réseau professionnel. Plus vous avez de connexions, plus d'opportunités se présenteront à vous.

Pourquoi le réseautage est important

Au-delà du CV : le réseautage va au-delà de la soumission de candidatures et du fait de se fier uniquement à votre CV. Il exploite les relations personnelles et professionnelles pour créer des opportunités.

Informations privilégiées : les employeurs embauchent souvent via des références. Avoir des contacts au sein de leur réseau fournit des informations précieuses sur vos qualités et votre adéquation.

Accès aux emplois cachés : De nombreux postes ne sont pas annoncés publiquement. Le réseautage ouvre les portes de ces opportunités d'emploi cachées.

Soyez face à face :

Même si le réseautage en ligne est pratique, les interactions en personne sont puissantes. Planifiez des déjeuners ou des cafés-rencontres avec des professionnels de l'industrie.

Assistez à des conventions spécifiques à l'industrie, à des salons de l'emploi et à des événements organisés par des entreprises. Rencontrez de nouvelles personnes et échangez des cartes de visite.

Offrir de l'aide:

Le réseautage ne consiste pas seulement à prendre ; il s'agit de donner. Aidez, partagez vos connaissances et soyez véritablement intéressé par la réussite des autres.

Soyez une ressource pour vos contacts, et ils se souviendront de vous lorsque des opportunités se présenteront.

Combattez votre peur :

Le réseautage peut être intimidant, surtout pour les introvertis. N'oubliez pas que tout le monde commence quelque part.

Pratiquez des démarreurs de conversation intelligents et renforcez progressivement votre confiance.

Soyez patient et prenez le temps :

Le réseautage prend du temps. Cultivez des relations pendant des semaines ou des mois.

La cohérence est importante : assistez régulièrement aux événements et effectuez un suivi auprès des contacts.

Mettez l'accent sur l'établissement de relations :

Le réseautage n'est pas transactionnel. Concentrez-vous sur l'établissement de relations authentiques.

Montrez de l'intérêt pour la carrière des autres, écoutez activement et trouvez un terrain d'entente.

Utilisez les réseaux sociaux et les ressources en ligne :

Tirez parti des plateformes comme LinkedIn. Connectez-vous avec des professionnels dans votre domaine.

Participez à des forums et des forums de discussion spécifiques à l'industrie.

Suivi:

Après avoir rencontré quelqu'un, envoyez un e-mail de suivi personnalisé. Exprimez votre gratitude et mentionnez des points spécifiques de votre conversation.

Entretenez les relations en restant en contact périodiquement.

Maximiser le réseautage en ligne

LinkedIn : optimisez votre profil LinkedIn. Rejoignez des groupes pertinents, participez à des discussions et connectez-vous avec des pairs du secteur.

Forums en ligne : visitez les forums liés à l'emploi (comme les forums d'emploi Indeed.com) pour dialoguer avec des professionnels et demander des conseils.

Participer à des événements de l'industrie

Conférences et expositions : participez à des événements spécifiques à l'industrie. Ces rassemblements offrent des opportunités de réseautage et des séances éducatives.

Forums de formation continue : découvrez des ateliers, des séminaires et des webinaires. Connectez-vous avec des experts et d'autres apprenants.

Étiquette de réseautage

Soyez professionnel : habillez-vous convenablement, maintenez un contact visuel et offrez une poignée de main ferme.

Elevator Pitch : rédigez un argumentaire concis sur vous-même et vos objectifs de carrière.

Effectuez un suivi rapide : envoyez des notes de remerciement après les événements de réseautage.

Entretenez votre réseau

Restez engagé : vérifiez régulièrement auprès de vos contacts. Partagez les mises à jour et célébrez leurs réalisations.

Réciprocité : Soyez prêt à aider les autres lorsqu'ils recherchent des conseils ou des relations.

Surmonter les défis courants des réseaux

Introversion : pratiquez de petites étapes, comme assister d'abord à de petits événements.

Contraintes de temps : allouez du temps au réseautage : c'est un investissement dans votre avenir.

Rejet : toutes les connexions ne mèneront pas à une offre d'emploi. Ne le prends pas personnellement; continuer à réseauter.

N'oubliez pas que le réseautage ne consiste pas seulement à trouver un emploi : il s'agit également d'établir des relations durables qui profitent à la fois à vous et à votre communauté professionnelle.

Visualisez le succès :

Visualiser la réussite au travail est une technique puissante qui peut avoir un impact positif sur votre état d'esprit et vos résultats.

Voici quelques méthodes efficaces pour vous aider à visualiser le succès :

Créez un tableau de vision :

Compilez des images, des citations et des symboles qui représentent vos objectifs de carrière.

Disposez-les sur un tableau ou une plateforme numérique pour créer un rappel visuel de vos aspirations.

Notez vos objectifs :

Mettez vos objectifs par écrit. Soyez précis et détaillé.

Décrivez à quoi ressemble le succès pour vous et comment vous y parviendrez.

Profitez des ressources disponibles :

Reconnaissez les outils, les compétences et les systèmes de support à votre disposition.

Visualisez-vous en train d'utiliser ces ressources efficacement.

Journal:

Écrivez sur vos réalisations futures comme si elles s'étaient déjà produites.

Décrivez les émotions, les expériences et l'impact de votre réussite.

Méditer:

Pratiquez la méditation de pleine conscience.

Imaginez-vous en train d'atteindre vos objectifs pendant les séances de méditation.

Visualisez votre plan en action :

Fermez les yeux et imaginez vivement chaque étape de votre parcours de réussite.

Voyez-vous surmonter les défis, prendre des décisions et célébrer les réalisations3.

Connectez-vous avec des personnes partageant les mêmes idées :

Entourez-vous de collègues, de mentors ou d'amis qui partagent votre vision.

Discutez de vos objectifs et visualisez la réussite collective.

N'oubliez pas que la visualisation n'est pas qu'un vœu pieux : c'est un outil puissant pour aligner votre état d'esprit sur les résultats souhaités.

Conclusion

Alors que nous clôturons ce chapitre, il est crucial de reconnaître que la connaissance est un pouvoir. Comprendre les multiples raisons qui sous-tendent les différences salariales est la première étape vers l'autonomisation.

Que ces disparités soient dues à l'ancienneté, aux qualifications, aux compétences en négociation ou à des problèmes systémiques comme l'écart salarial entre les sexes, chaque facteur joue un rôle essentiel dans le récit plus large de la rémunération au travail.

Le livre a souligné l'importance de l'auto-représentation et du courage d'engager des conversations difficiles sur la rémunération.

Cela a également mis en évidence la valeur des études de marché et la nécessité d'aborder ces discussions armés de données et d'une compréhension claire de leur valeur.

De plus, « Vos collègues gagnent plus d'argent que vous » a mis en lumière le changement culturel vers la transparence sur le lieu de travail.

Ce mouvement a le potentiel de démanteler des inégalités de longue date et d'ouvrir la voie à une répartition plus équitable des richesses au sein de nos sphères professionnelles.

En conclusion, même si la révélation selon laquelle vos collègues gagnent plus d'argent que vous peut être décourageante, ce n'est pas la fin de l'histoire. C'est une invitation à réfléchir, à s'interroger et à agir. C'est un appel à défendre ses intérêts et ceux des autres, à lutter pour l'équité et à ne jamais se contenter de moins que ce qui nous est dû.

Alors que nous tournons la dernière page, poursuivons les leçons apprises et la détermination de rechercher un lieu de travail où le mérite et l'équité ne sont pas seulement des idéaux, mais des réalités pour tous.

Lexique (compétence en négociation d'emploi)

lexique des compétences de négociation spécifiquement pertinentes pour les scénarios liés à l'emploi. Ces compétences sont essentielles pour une évolution de carrière réussie et une communication efficace pendant les négociations :

Compétences en communication:

Définition : La capacité de s'exprimer de manière claire, convaincante et engageante.

Importance : Une communication efficace garantit la compréhension mutuelle, minimise les malentendus et facilite les compromis.

Conseils : pratiquez l'écoute active, adaptez votre style de communication à l'auditeur et utilisez des indices verbaux et non verbaux.

Écoute active:

Définition : La capacité de s'engager pleinement avec l'orateur, de comprendre son point de vue et de se souvenir de détails spécifiques.

Importance : L'écoute active vous aide à comprendre les besoins, les préoccupations et les objectifs de l'autre partie.

Conseils : Maintenez un contact visuel, hochez la tête pour montrer votre engagement et évitez de l'interrompre.

Intelligence émotionnelle:

Définition : La capacité de reconnaître et de gérer ses émotions et de comprendre les sentiments des autres.

Importance : L'intelligence émotionnelle maintient les négociations constructives, même dans les moments tendus.

Conseils : restez calme, reconnaissez vos émotions et faites des pauses si nécessaire.

Gestion des attentes :

Définition : Équilibrer vos propres attentes avec celles de l'autre partie.

Importance : Des attentes réalistes évitent les déceptions et permettent des négociations productives.

Conseils : Soyez ferme mais collaboratif, en ajustant les attentes, si nécessaire.

Des talents pour la résolution des problèmes:

Définition : La capacité d'analyser des situations complexes, d'identifier des solutions et de trouver un terrain d'entente.

Importance : Une résolution efficace des problèmes conduit à des résultats gagnant-gagnant.

Conseils : réfléchissez à des solutions créatives, envisagez des alternatives et concentrez-vous sur les intérêts communs1.

Flexibilité et adaptabilité :

Définition : La volonté d'ajuster votre approche en fonction de l'évolution des circonstances.

Importance : Être adaptable vous permet de relever des défis inattendus.

Conseils : Soyez ouvert d'esprit, explorez différentes voies et soyez prêt à faire des compromis.

Préparation et recherche :

Définition : Rassembler des informations pertinentes sur le contexte de la négociation, l'autre partie et vos propres objectifs.

Importance : La préparation renforce la confiance et éclaire votre stratégie.

Conseils : recherchez les normes du marché, comprenez les tendances du secteur et anticipez les objections potentielles1.

Assurance:

Définition : Exprimer vos besoins et défendre votre position sans être agressif.

Importance : L'affirmation de soi garantit que votre voix est entendue et évite d'être exploitée.

Conseils : utilisez des déclarations « je », soyez confiant et défendez vos positions avec respect.

Patience et persévérance :

Définition : Garder son sang-froid et rester engagé tout au long du processus de négociation.

Importance : La patience évite les décisions irréfléchies, tandis que la persévérance montre votre dévouement.

Conseils : Soyez patient en cas d'impasse, faites des pauses si nécessaire et poursuivez le dialogue.

Réseautage et établissement de relations :

Définition : Cultiver des relations professionnelles et établir des relations.

Importance : Le réseautage donne accès à des opportunités et à des alliés potentiels.

Conseils : participez à des événements de l'industrie, connectez-vous sur LinkedIn et entretenez des relations au fil du temps.

N'oubliez pas que les compétences en négociation ne consistent pas seulement à obtenir ce que vous voulez ; il s'agit de trouver des solutions mutuellement avantageuses.

La maîtrise de ces compétences améliore vos perspectives de carrière et vous permet de mener à bien les négociations liées à l'emploi.

Voici quelques ressources précieuses sur les compétences en négociation sur le lieu de travail :

Indeed.com : 12 compétences de négociation importantes

Cet article couvre 12 compétences essentielles en négociation, notamment la communication, l'écoute active, l'intelligence émotionnelle et la gestion des attentes1.

Harvard Business Review : Devenez un négociateur meilleur, plus fort et plus confiant

Explorez les principes fondamentaux pour améliorer vos compétences en négociation, notamment la définition du gain, la préparation, le timing et la formulation de la demande2.

Atlassian Work Life : Comment améliorer vos compétences en négociation

Découvrez six bonnes pratiques fondées sur la recherche pour vous sentir plus en confiance lors des négociations et obtenir de meilleurs résultats3.

Harvard Business School Online : 6 compétences de négociation dont tous les professionnels peuvent bénéficier

Découvrez six compétences de négociation essentielles et des façons de développer vos connaissances et votre confiance4.

N'oubliez pas d'explorer ces ressources pour améliorer vos capacités de négociation et prospérer dans vos interactions sur le lieu de travail !

Merci d'avoir lu et bonne chance dans votre voyage pour gagner ce que vous valez !

Disponible sur Amazon

©Édition Photolator 2024

www.ingramcontent.com/pod-product-compliance
Lightning Source LLC
Chambersburg PA
CBHW071949210526
45479CB00003B/868